Schritte

in Gottes Spuren

Jörg Swoboda / Theo Lehmann

kawohl

Alle Schritte auf einen Blick

Bestell-Nr. RKW 737

Verlag für Jugend und Gemeinde
Texte: Jörg Swoboda / Theo Lehmann
Titelfotos: K. Goltz / A. Will

Gestaltung: RKW

ISBN: 3 88087 737 8

Du bist Gottes Liebe auf den ersten Blick

Du bist Gottes Liebe
auf den ersten Blick.
Er hält dir die Treue.
Was hält dich zurück?

Gott ist kein Gedanke.
Gott ist kein Prinzip.
Gott ist ja dein Vater.
Vater hat dich lieb.

Du bist Gottes Wunschkind,
schön, dass es dich gibt.
Herrlich, wie der Herr dich
über alles liebt.

Du bist Gottes Perle.
Er verliert dich nicht.
Er sorgt für dein Leben,
dass es nicht zerbricht.

Du machst mein Herz wieder leicht

Fällt mir das Leben schwer -
mein Gott, ich kann nicht mehr! -
dann denke ich an dich, und du veränderst mich.

Du machst mein Herz wieder leicht.
Du machst mir wieder Mut.
Du stellst meine Füße auf weiten Raum.
Du machst es mit mir gut.

Wenn Krankheit in mir steckt,
ein Leiden mich erschreckt,
dann rufe ich - und du, du wendest dich mir zu.

Frag ich mich sorgenvoll,
wie ich entscheiden soll,
dann bitt ich im Gebet um Rat, wie's weiter geht.

Bin ich vor Angst verwirrt
und habe mich verirrt,
dann machst du wieder klar, was vorher dunkel war.

Er wurde arm

Er wurde arm, wir wurden reich.
Er macht uns Königskindern gleich.
Was alle Welt für Unsinn hält,
ist Gottes Gnade für die Welt.

Jesus riss sich los von Gott, hat alles aufgegeben,
den Himmel, Macht und Herrlichkeit und kam in unser Leben.
Er kam in unsre Haut und kam zu uns als Kind,
obwohl er weiß, wie's Kindern geht und wie wir Menschen sind.

Niemals nagelt er uns fest auf schon bereute Sünden,
für unsre Schuld hat er gezahlt, dass wir Vergebung finden.
So große Liebe ist nur hier, sonst nirgendwo.
Wir beten staunend an und danken ihm und sind heilfroh.

Mehr als nötig haben wir, damit wir teilen sollen.
Er ändert unsre Herzen, dass wir wirklich schenken wollen.
So holt er uns heraus aus unserm Schneckenhaus,
und in der Sonne wachsen wir dann über uns hinaus.

Flieg auf den Flügeln der Freude

Flieg auf den Flügeln der Freude,
weil Gott dich nicht fallen lässt.
Lässt du auch Federn im Laufe der Zeit,
halt an ihm dich fest.

Musst du durch Täler von Trauer und Leid,
macht Gott den Horizont wieder weit.
Denkst du, es wird mit dir nie wieder gut,
dann verwandelt er die Angst in Mut.

Du kennst den Hunger nach Hoffnung und Sinn.
Mancher stirbt langsam so vor sich hin.
Selbst Gottes Zukunft vergisst sich so leicht.
Wir gehn nur so weit, die Hoffnung reicht.

Was in der Hölle des Hasses erwacht,
hat über uns den Tod nur gebracht.
Leben bringt die Liebe in uns zur Welt,
die vom Himmel in die Herzen fällt.

Für Ernte und Erfolg gilt ihm der Dank

Gott legte Segen neu auf Mensch und Land.
Für alles, was uns glückte und gelang,
gab er uns erst den Willen und Verstand.
Für Ernte und Erfolg gilt ihm der Dank.

Die Erde ist voll von Gottes Güte.
Von seiner Liebe lebt die ganze Welt.
Wir danken ihm und loben seinen Namen,
weil er uns Jahr um Jahr die Treue hält.

Wir stehn und staunen Gottes Wunder an,
denn weise Ordnung steuert die Natur.
Was wir verstehn, gibt neue Rätsel auf.
Gott hält uns Schritt für Schritt auf seiner Spur.

Gott hat versprochen, Saat und Ernte bleibt.
Das Chaos wird durch seine Macht gebannt.
Auch wenn das Böse neue Blüten treibt,
liegt unser Schicksal doch in Gottes Hand.

Ich danke dir, mein Gott

Du hast mir so oft neuen Mut gegeben.
Wenn ich am Boden lag, hobst du mich auf.
Ich schöpfte wieder Kraft zum Weiterleben.
Du gabst mir Hoffnung, und ich gab nicht auf.

Ich danke dir, mein Gott! Ich lobe dich, mein Gott!
Wer auf dich hofft, kriegt wieder neue Kraft.

Wenn sich vor meinen Augen alles drehte,
dann war dein Wort ein fester Halt für mich.
Du hörtest mich, wenn ich um Hilfe flehte,
und Wege aus der Angst fand ich durch dich.

Du trugst mich auch, wenn Traurigkeit mich drückte
und wischtest mir die Tränen vom Gesicht.
Du warst mein Trost, wenn mir kein Schritt mehr glückte.
In meiner Nacht erkannte ich dein Licht.

Im Prinzip ist der Mensch gut

Der Mensch kann allem widerstehn,
nicht aber der Versuchung. Die ist viel zu schön.

Im Prinzip ist der Mensch gut.
Böse ist nur, was er tut.
Wie's wirklich ist, sieht keiner gern:
Es steckt nun mal kein guter Kern
im schlechten Apfel.

Grundsätzlich er Grundsätze hält,
so lange man sie noch nicht auf die Probe stellt.

Er sagt, dass er nicht glauben kann,
und fährt nie Auto ohne seinen Talismann.

Stolz rühmt er seine Toleranz.
Nur mit der andern Meinung klappt es noch nicht ganz.

Der Mensch hat alles in der Hand,
doch unvernünftig ist bis jetzt noch sein Verstand.

Jesus wird bei dir sein

Zahllose Sorgen belasten dich schwer.
Wer gibt dir Kraft, sie zu tragen?
Wo liegt nur die Lösung, und wer gibt dir jetzt
eine Antwort auf quälende Fragen?
Stehn die Probleme vor dir wie ein Berg - du bist nicht allein.
Kommst du dir vor wie ein hilfloser Zwerg - Jesus wird bei dir sein.

Du bist nicht allein. Jesus wird bei dir sein.

Viele verdrängen, was todsicher kommt,
wollen es einfach nicht sehen:
Der eine stirbt alt und der andere jung,
jeder muss irgendwann einmal gehen.
Stehst du am Ende allein vor dem Tor - du bist nicht allein.
Willst du nicht gehn, weil du Angst hast davor - Jesus wird bei dir sein.

Du schaffst doch nicht deine Schuld aus der Welt,
kannst dir nicht selber vergeben.
Auch du brauchst Vergebung, die einer dir schenkt.
Nur so findest du ewiges Leben.
Stehst du als Schuldner vor Gottes Gericht - du bist nicht allein.
Dann zählt der eine, der gut für dich spricht - Jesus wird bei dir sein.

Jesus, ich nehm dich jetzt beim Wort

Darf ich mit meiner Vergangenheit,
darf ich mit meiner vertanen Zeit,
darf ich denn so, wie ich bin zu dir?
Ich steh mit der Last meines Lebens hier.

Jesus, ich nehm dich jetzt beim Wort.
Auch mich schickst du nicht wieder fort.
Auch mir vergibst du meine Schuld.
Du nimmst mich an. Ich glaub daran.

Nimmst du mich, wenn ich nicht glauben kann,
nimmst du mich trotz meiner Zweifel an?
Nimmst du mir auch meine Sünden ab?
Ich weiß, was ich auf dem Gewissen hab.

Hältst du mich, wenn mich der Mut verlässt,
hältst du mich, wenn ich versinke, fest?
Hältst du mich, wenn ich zu weit geh, an?
Ich sehe, dass ich mir nicht helfen kann.

Lass deine großen Sprünge

Lass deine großen Sprünge,
tu einen kleinen Schritt!
Wenn nur die Richtung stimmt,
erreichst du viel damit.

Was ist klein, und was ist groß?
Was leuchtet, und was blendet bloß?
Auch das größte Feuerwerk kann doch nur verglühn.
In der winzigsten Oase lässt Gott Blumen blühn.

Lass deine großen Gesten,
wo Not ist, pack mit an!
Schon eine kleine Hand
dem Schwachen helfen kann.

Lass deine großen Sprüche,
sag das, was wichtig ist!
Dein kleines Wort hat Wert,
wenn du nur ehrlich bist.

Lasst uns von Jesus lernen

Lasst uns von Jesus lernen,
was er mit Frieden meint!
Auch wenn es dir unmöglich scheint,
liebe deinen Feind.

Da streckt ein Mensch die Waffen,
und alles denkt, der spinnt,
weil der plötzlich nicht den Kampf,
sondern seinen Feind gewinnt.

Der Hass macht Menschen hässlich
und stört den Lebenslauf.
Hass baut unser Leben ab,
nur die Liebe baut es auf.

Ja, dieser Weg ist weltfremd,
ist fremd für unsre Welt.
Diese Liebe ist die Kraft,
mit der alles steht und fällt.

Lebenszeichen

Riesige Antennenohren lauschen weit ins All,
um aus fernen Welten Lebenszeichen aufzufangen
und von fremden Wesen eine Botschaft zu empfangen,
irgend ein Signal und irgend einen Widerhall.

Stumm steht jeder Stern am Himmel, und der Weltraum schweigt.
Durch die Teleskope starren Menschen noch vergebens,
denn sie finden keine Zeichen unbekannten Lebens.
Nirgendwo hat sich ein Außerirdischer gezeigt.

Doch der Herr des Universums landete im Stall.
Jesus ist schon längst hierher in unsre Welt gekommen,
hat als kleines Kind ein Erdenschicksal übernommen,
brachte Gottes Liebe allen Menschen überall.

Leitstern

Dein Zimmer hängt voll Poster, und sie wirken wie Ikonen
mit Göttern, die im Lichterglanz von Bühnenhimmeln thronen.
Und werden sie auch heut vergöttert und verehrt,
kann sein, schon über Nacht, da fallen sie im Wert.
Auch du warst mal von deinen Stars berauscht,
doch eines Tags hast du sie ausgetauscht.
Idole hast du schon vom Himmel stürzen sehn.
So schnell kann Ruhm und Götterglanz vergehn.

Schon wieder blickst du auf zu neuen Stars an deinen Wänden.
Warum lässt du dich immer noch von Hochglanzbildern blenden?
Du suchst nach einem Halt und himmelst Menschen an.
Doch davon wirst du blind und stehst in ihrem Bann.
Ein Leitstern bleibt, der gute Wege führt,
dem dein Respekt darum zu Recht gebührt.
Dort zwischen deinen Bildern schimmert matt ein Fleck.
Das Kreuz, das da mal hing, ist lange weg.

Signale gibt es viel, und unsre Welt ist voller Zeichen.
Nach irgend welchen stellst du doch auch deine Lebensweichen.
Sag bloß nicht, dass du dich nach andern richten wirst,
weil du dich dann doch auch genau wie sie verirrst.
Das Kreuz ist Trumpf, und wer ihm folgt, gewinnt,
verirrt sich nicht im Lebenslabyrinth.
Von vielen Wegen kannst du doch nur einen gehn,
und welches Ziel wird dir vor Augen stehn?

Mensch, ärgere dich nicht

Mensch, ärgere dich, ärgere dich nicht!
Der Ärger knickt dein Herz und dein Gesicht.
Allein die Freude führt zum Ärgerschwund.
Zur Freude gibt dir Jesus allen Grund.

Am Morgen tönt das Montagsmuffellied,
das selbst den Strahlemännern jeden Schwung entzieht.
Wenn du am Wochenanfang schon am Ende bist,
verlass dich drauf, dass Jesus alle Tage bei dir ist.

Am Mittag sind die Eltern schwer schockiert.
Es hat gekracht, und die Beziehung ist blockiert.
Im Namen Jesu segne sie und schnapp nicht ein.
Der Erste, der sich ändern wird, der wirst du selber sein.

Am Abend weißt du weder ein noch aus.
So heiß die Liebe war, jetzt ist der Ofen aus.
Wer Gott liebt, lernt, wie wirklich alles, was passiert,
von Gott benutzt wird, dass dann doch was Gutes daraus wird.

Menschenfurcht

Menschenfurcht legt dich lahm, und im Nu
schnappt die Falle der Feigheit schon zu.
Wer sich anpasst, der wird ausgenutzt.
Wer zu Gott hält, erfährt seinen Schutz.
Und inzwischen hast du sicher auch schon kapiert,
dass die Angst dir die Seele ganz schnell deformiert.
Wer sich anpasst, der wird ausgenutzt.
Wer zu Gott hält, erfährt seinen Schutz.

Heuchelei ist wie Glatteis bei Nacht.
Wer drauf abfährt, der fährt, bis es kracht.
Wirf die Ehrlichkeit nicht über Bord,
und riskiere ein offenes Wort.
Nennst du Dinge beim Namen und sprichst sie frei aus,
wirst du sehn: Für die Wahrheit gibt's selten Applaus.
Wirf die Ehrlichkeit nicht über Bord
und riskiere ein offenes Wort.

Willst du kriechen, dann kriech wie bisher.
Eine Schleimspur zieht hinter dir her.
Doch mit Gott lernst du grade zu stehn
und als Mensch mutig aufrecht zu gehn.
Mach den Rücken nicht krumm wie ein Wurm, überleg:
Ist der Kriechgang für dich wirklich der Lebensweg?
Doch mit Gott lernst du, grade zu stehn
und als Mensch mutig aufrecht zu gehn.

Mutter des Lebens

Ein Wunder geschieht, wenn zwei Zellen verschmelzen und Leben beginnt.
Und das ist ein Mensch, gleich von Anfang an - das ist dein Kind.
Jetzt braucht es Zeit und Schutz, sein Leben zu entfalten.
Und bald erfährst du es. Sag, wirst du es behalten?

Kaum salzkörnchengroß, eine Woche erst alt, wächst das Wunder heran.
So war's bei dir auch: So klein fingst du auch einmal an.
Du warst geschützt im Mutterleib, du warst geborgen.
Jetzt sollst du Mutter sein. Nun sag, was tust du morgen.

Jetzt hast du ein Kind. Fast drei Wochen vergehn. Schon am achtzehnten Tag
tut ein zweites Herz unter deinem seinen ersten Schlag.
Wird es neun Monate, durch viele, viele Wochen,
wird es Signale des Lebens in dir pochen?

Das Kind ist komplett. Sind vier Wochen vorbei, kommt nichts Neues dazu.
Schon ist alles da. Alles reift auf den Geburtstag zu.
Du musst entscheiden zwischen Leben und Verderben.
Soll denn dein Kind vor der Geburt in dir schon sterben?

Reiseruf

Du fährst in deinem Auto und stellst das Radio an,
hörst plötzlich deinen Namen und hältst den Atem an.
Vorbei ist deine Ruhe, weil jemand dich jetzt stört.
Ist das vielleicht ein Irrtum? Hast du dich jetzt verhört?

Dann kommt die Wiederholung, du bist noch ganz verwirrt.
Tatsächlich fällt dein Name! Du hast dich nicht geirrt.
Dein Vater bittet dringend: Komm bitte schnell nach Haus.
Der Name deines Vaters räumt letzte Zweifel aus.

Halt an, kehr um, komm wieder! Der Reiseruf ist klar.
Wenn er so dringlich bittet, dann droht bestimmt Gefahr.
Auf deiner Lebensreise ruft Gott dich hin zu sich.
Er lässt dir jetzt bestellen: Komm heim, ich liebe dich!

Stille im Sturm

Lehn ich mich ab, auch noch so sehr,
bei Gott bin ich kein Niemand mehr.
So wie ich bin, lädt er mich ein.
Er würdigt mich, sein Kind zu sein.

Stille im Sturm, Halt in der Flut,
Wärme im Eis, Gott ist mir gut.

Rede ich mir noch selber ein,
ein Nichts und eine Null zu sein,
dann höre ich, dass Gott mich kennt
und mich bei meinem Namen nennt.

Wenn ich nur Selbstgespräche führ,
spricht Gott mich an. So hilft er mir.
Ich öffne mich und sprech mich aus.
Ich weiß, ich bin bei Gott zu Haus.

Vater

Als sie dir leise sagte: Ich bin schwanger,
und als dir klar war, dass du Vater bist,
da ahntest du im Grunde deines Herzens,
dass Liebe niemals ohne Folgen ist.
War dein erstes Gefühl in dir Freude?
Oder war's ein gewaltiger Schreck,
und du hattest nur einen Gedanken:
Bloß das nicht! Ein Kind? Es muss weg!

Eine kleine Stimme ruft und fleht dich an:
Vater, lass mir doch mein Leben, das durch dich ja erst begann.
Ich will leben und bin wehrlos. Du fühlst dich durch mich bedroht.
Erst durch dich kam ich ins Leben, schick mich jetzt nicht in den Tod.

Wirst du wie andre Väter einfach fliehen,
weil du für einen Menschen sorgen musst?
Doch dass aus Liebe Kinder werden können,
hast du doch schon vor jener Nacht gewusst.
Wer von Vater und Mutter verneint wird,
über den ist das Urteil gefällt.
Wird dein Kind nicht geliebt, muss es sterben
als einsamstes Kind auf der Welt.

Gott hat durch dich ein Menschenkind geschaffen,
ein echtes Schöpfungswunder ist geschehn.
In deinen Armen könntest du es halten
und eines Tags mit ihm spazieren gehn.
Nur wer wirklich kein Herz für sein Kind hat,
löscht ihm grausam das Lebenslicht aus.
Das Gewissen erstarrt, es wird finster.
Es kommen Gespenster ins Haus.

Wenn das Gewissen uns verklagt

Wie wir leben ist die Probe,
ob die Wahrheit uns bestimmt,
und wir mehr sind als nur Treibholz,
das im Strom der Masse schwimmt.

Wenn das Gewissen uns verklagt
und uns die harte Wahrheit sagt,
vertraun wir darauf, dass Gott größer ist
als unser Herz, das ihn so oft vergisst.

Spricht der Mund nur leere Worte
ist es besser, dass er schweigt.
Denn die Liebe ist nur Liebe,
wenn sie sich in Taten zeigt.

Wir umgehen die Gebote,
weil sich das zu lohnen scheint.
Jesus hilft uns Leben lernen,
wie es Gott, der Schöpfer, meint.

Gottes Liebe stellt alles in den Schatten

Ich war schon fortgegangen.
Ich fiel aus Gottes Hand.
Er hat mich aufgefangen.
Er bringt mich zu Verstand.

Gottes Liebe stellt alles in den Schatten,
was wir an lichten Momenten schon hatten.
Komm raus aus dem Dunkel, und kehr um zu Gott,
dann warst du die längste Zeit deines Lebens tot.

Er hat mich angenommen.
Er wirft mich nicht hinaus.
Bei ihm bin ich willkommen.
Bei ihm bin ich zu Haus.

Er hilft mein Leben bauen.
Er zeigt mir, was ich kann.
Ich lerne neu vertrauen.
Ich fang zu leben an.

Musikproduktionen zu diesem Bildband

Die Texte der Seiten 18, 26, 28, 32, 36 und 40 sind auf der CD „Aufgeschlossen“ zu hören.

Auf der CD „Stille im Sturm“ finden Sie die Titel der Seiten 20, 38 und 44.

Zu den Autoren dieses Bildbandes:

Jörg Swoboda/Buckow, geb. 1947 in Berlin, Evangelist im Bund Ev.-Freikirchlicher Gemeinden, Liedermacher, vier Solo-Produktionen, Buchautor, Gastlehrer an theologischen Seminaren und Bibelschulen, Vorstandsmitglied von ProChrist, Mitglied im Hauptvorstand der Deutschen Evangelischen Allianz.

Theo Lehmann/Chemnitz, geb. 1934 in Dresden, Blues- und Gospelexperte, Dissertation über die Theologie der Negro-Spirituals, Jazz-Kritiker, Buchautor, Liedtexter, Pfarrer i. R. der Ev.-Luth. Landeskirche Sachsens und Jugendevangelist.

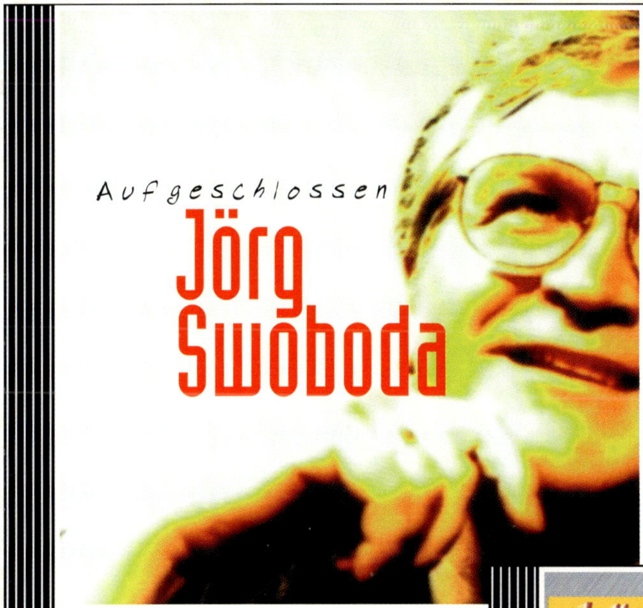

Aufgeschlossen

Der sympathische Liedermacher Jörg Swoboda überzeugt durch seine Leidenschaft fürs Konkrete in klarer und zeitnaher Sprache.
Viele Lieder stammen aus der gemeinsamen Textschmiede mit Theo Lehmann.
Emotionale Tiefe durch einfallsreich arrangierte und brillant gespielte Begleitung zeichnen diese Produktion aus.
Produzent: Hans-Werner Scharnowski

CD 943.265 / MC 943.266

Stille im Sturm

Jörg Swoboda singt von Menschen, die aufbrechen, das Leben zu finden, von den Verwundungen der Seele durch die Gezeiten des Lebens und von der Stille im Sturm, die er jedem wünscht.
Produzent: Hans-Werner Scharnowski

CD RKW 35852 / MC RKW 35802

Die Musikproduktionen sind erschienen bei:
Felsenfest Musikverlag
im Kawohl-Verlag, 46485 Wesel

Anhang

Alle Texte stammen von Jörg Swoboda / Theo Lehmann

Die Bilder fotografierten:

S. 1	K. Goltz
S. 3	N. Guckes
S. 5	A. Will
S. 7	G. Boßmann
S. 9	Images of Live
S. 11	Bilderdienst
S. 13	A. Will
S. 15	R. Bauer
S. 17	M. Simons
S. 19	H. J. Schunk
S. 21	J. Kenter
S. 23	J.-T. Titz
S. 25	W. Lorenz
S. 27	M. Ruckszio
S. 29	MP Fotostudio
S. 31	A.Will
S. 33	G. Huss
S. 35	N. Guckes
S. 37	T. Krieger
S. 39	Stockbyte
S. 41	A. Will
S. 43	G. Szogs
S. 45	M. Wendler